AF339436

# CRI

# D'HUMANITÉ

ÉLEVÉ

## PAR UN FRANÇAIS

EN

## L'HONNEUR DE SON PAYS.

PRIX:

1ᶠ 25ᵉ pour Paris et Lille;
1ᶠ 50ᵉ pour les Départemens.

# CRI
## D'HUMANITÉ

ÉLEVÉ

## PAR UN FRANÇAIS

EN

## L'HONNEUR DE SON PAYS.

*La science de la nature est la clef de toutes les autres.*

Par A.-L. Ecremeur,

VÉRIFICATEUR DES DOUANES.

# A PARIS,

CHEZ DELAUNAY, LIBRAIRE, PALAIS-ROYAL,
GALERIE DE BOIS;

# A LILLE,

CHEZ LELEUX, IMPRIMEUR-LIBRAIRE,
GRANDE PLACE.

1826.

IMPRIMERIE DE LELEUX,
A LILLE.

# CRI D'HUMANITÉ

## ÉLEVÉ

## PAR UN FRANÇAIS

### EN L'HONNEUR DE SON PAYS.

Que si l'expérience du pouvoir est nécessaire pour apprendre à connaître la nature humaine, c'est sans contredit dans les ressources que procure l'administration des douanes qu'il faut la chercher. Exerçant sur le travail l'influence la plus directe, cette administration atteint toujours l'homme dans ses intérêts les plus chers. Soit qu'elle le blesse ou le favorise, elle le contraint également de mettre son cœur à nu. Comme l'employé chargé d'en exécuter les dispositions est le premier à juger de l'efficacité, il est des mieux placés pour en apprécier au juste le résultat, ou ce que peuvent les hommes pour les choses, et ce que peuvent les choses pour les hommes. Partout et dans tous les temps guidé par ce thermomètre, il voit le caractère se modifier dans le même sens et le même degré

1

qu'elles élèvent ou abaissent les conditions : le méchant devenir bon en cessant d'être malheureux, et le bon devenir méchant dès qu'il cesse d'être heureux. J'ai blanchi sous le harnais de la douane ; il m'est donc permis de dire, en publiant cette brochure, que j'offre à mon pays le fruit de trente années consacrées à l'étude et à l'expérience des plus utiles vérités.

Ce fruit consiste d'abord dans une critique pleine de hardiesse du système actuel de l'administration de la France en général, non comme le propre fait du ministère, mais comme l'œuvre la plus conforme aux vœux et aux habitudes de la nation. Car si l'administration a son régulateur dans les délibérations de ses chefs, elle a le sien dans l'opinion publique.

Aussi personne n'est au fond plus disposé que je le suis à reconnaître que les hommes auxquels sont confiées les destinées de la France, s'efforcent de faire, autant que possible, respecter et chérir le gouvernement, et même que leur système mérite de grands éloges à plus d'un égard. D'abord, il se recommande par une activité des plus soutenues à rétablir la religion ; en outre, par des encouragemens en faveur de l'industrie et des sciences tels qu'il n'y eut peut-être jamais dans notre histoire une époque où

les lumières et l'aisance aient été si généralement
répandues dans toutes les classes. Enfin, on doit
leur savoir gré de penser qu'il vaut mieux
administrer un peuple par les principes qu'il
comprend, que par les maximes que repoussent
les progrès de son savoir, quelque meilleures
qu'elles soient véritablement. C'est faute de s'être
arrêté à cette réflexion, que Joseph II entreprit
vainement de reformer l'esprit et les mœurs des
Belges. Aussi me garderais-je fort de fonder le
moindre succès sur mes tentatives, si la nation
n'était pas réellement mûre autant qu'il le faut,
à ses propres yeux, pour les améliorations que
j'ai conçues : au surplus, il n'est nullement ici
question de rien changer aux formes constitu-
tives de l'état, de quelque nature qu'elles soient.

Quelles sont donc les fins que je me propose
par cette critique? D'obtenir du ministère même
la grâce insigne de me faire entendre par une
assemblée composée des hommes qu'il croira
les plus dévoués au trône et les plus familiarisés
avec les questions suivantes : le principe de la
population, la source des richesses, l'influence
des mécaniques, l'origine et la fin des impôts,
l'avantage et le désavantage du crédit en général;
questions sur lesquelles la charte, grâce au génie
de l'immortel Louis XVIII, permet à chaque

Français de publier son opinion, sans craindre
de blesser les prérogatives royales, et dont
l'éclaircissement a pour objet remarquable de
démontrer que le vol, le suicide, l'assassinat et
le sacrilége, tous les grands crimes au moins,
sont les conséquences nécessaires de principes
mal digérés; notamment de principes qui, en
soulevant plus de passions qu'ils n'en peuvent
satisfaire, poussent d'excès en excès la classe
riche à une si dure avarice, et la classe pauvre
à une si aveugle cruauté, que l'observateur le
plus assidu et le plus impartial a peine à reconnaître dans l'homme le chef-d'œuvre de la création, et finalement de déterminer l'adoption de
principes les plus féconds en bons résultats et
les moins susceptibles de controverse.

Un augure qui vante ses décisions, loin de re-
douter le grand jour pour ses consultations, doit
s'y plaire, comme Alexandre dans les périls; et ce
jour est infailliblement, pour moi, sur le point
où se trouve rassemblé le plus grand nombre
d'hommes versés dans l'économie de l'État,
puisque c'est là que je dois rencontrer les doutes
les plus invétérés et les objections les plus con-
tradictoires. D'ailleurs, s'il me fallait opérer la
démonstration que je me propose par un ouvrage assez perfectionné pour produire une vive

sensation sur l'esprit public, que de difficultés n'aurais-je pas à vaincre! Et quand même j'y réussirais, pourrais-je seulement me flatter que cet ouvrage sera lu, médité par un administrateur judicieux, après l'essai de mille et une utopies si hautement prônées, et qui n'ont laissé de leur valeur intrinsèque que la plus déplorable expérience?

Je ne me dissimule pas tout ce que comporte d'épineux, de téméraire même la carrière dans laquelle je m'élance; mais soit par présomption, ou par ce qu'on voudra, elle ne m'effraie point. Ce qui me rassure, c'est la simplicité et la précision de mes aperçus, leur concordance avec la morale de l'Évangile; en outre, les preuves déduites de tableaux comparatifs que je m'engage à produire, si l'administration veut bien se prêter à mes recherches. Aussi je ne m'y aventurerai pas, sans offrir au moins un gage de mes promesses dans un examen de quelques faits et gestes de l'administration, après toutefois avoir rendu hommage au mérite d'un haut et puissant personnage, M. le président du conseil. Quoique indirectement placé sous les ordres de Son Excellence, je crois de mon devoir de témoigner ici, avant tout, que si j'ose attaquer les actes sur lesquels elle semble exercer une prééminence d'opinion, c'est non-seulement avec une âme tout aussi exempte de fiel qu'une colombe, mais encore avec la plus sincère inclination à révérer sa personne. Au reste, après la célébrité qui l'honore, que peut lui importer mon faible suffrage?

M. de Villèle avance dans cet âge grave où la pensée reçoit une nouvelle vie d'une réflexion plus libre et plus indépendante de la cabale. L'expérience qu'il a acquise de bonne heure dans les affaires commerciales lui permet de mettre à profit, pour ses combinaisons administratives, le fruit d'une pratique unie aux préceptes de la théorie. Doué d'un génie actif, entreprenant, il annonce dans ses intentions plus de pente à calmer les esprits qu'à les aigrir, plus d'inimitié que de protection pour les préjugés. Ne peut-il se dispenser de paraître à la tribune pour défendre ses projets? quelque diffuses ou virulentes que soient les attaques, on le voit y répondre avec une force d'improvisation d'autant plus désirable, qu'elle est toujours pleine de dignité.

L'ascendant qui naît de ces brillans avantages est sans contredit du plus grand prix dans un gouvernement représentatif, où il est à chaque instant nécessaire que le ministère montre du nerf pour contenir dans de justes bornes le parti de l'opposition, particulièrement pour faire passer la loi de finances la plus essentielle et la plus en butte à l'artillerie parlementaire du parti; en outre, pour ramener vers un centre commun les esprits encore agités par de longues défiances et des intérêts qui se croisent, et même pour contraindre des institutions surannées à se mettre à la hauteur d'un siècle qui est en marche.

A présent que j'ai fait de M. de Villèle un portrait qui le place au rang des hommes d'état de premier ordre, il doit être curieux de savoir par quelle-singulière réticence je puis, sans tomber en contradiction avec moi-même, essayer de démontrer jusqu'aux yeux de la France, que l'administration qui la régit, loin de mettre à contribution pour ses plans les secrets les plus profonds de l'art, en effleure à peine les premiers rudimens.

Cette expression est forte, je l'avoue; néanmoins je n'en pourrais rien rabattre, sans compromettre le succès de la cause la plus intéressante qui ait jamais fixé l'attention du monde. D'ailleurs, l'énigme est moins embarrassante à expliquer qu'elle ne le semble au premier coup-d'œil.

Je ferai d'abord observer que les faits sur lesquels j'estime que M. de Villèle a droit à l'appro-
bation, ne sont qu'accessoires; et que, quant
au fond, il se laisse entraîner par le torrent de
l'opinion publique que séduisent les théories les
plus fallacieuses, quoique des plus superficielles,
comme le prouveront les discussions auxquelles
je vais me livrer, touchant quelques-unes des
questions qui, dans ces derniers temps, ont le
plus vivement excité la curiosité des esprits
mûrs, à commencer par la loi des rentes que
l'opinion publique désavoue aujourd'hui, quoiqu'elle ne soit qu'une conséquence rigoureuse
des principes fondamentaux qu'elle professe.

La réduction des intérêts de la rente de 5 p. $\frac{0}{0}$
à 3 était bien vue sous trois rapports. Elle ne
frappait guère que les riches, et quelquefois en
atteignant ces gros capitalistes qui ont la majeure
partie de leur fortune en porte-feuille; elle en-
richissait la France de toutes les sommes qu'elle
aurait eues à payer de moins (si la loi eût passé)
aux rentiers étrangers; enfin, elle tendait à faire
baisser le taux général de l'intérêt, et, par con-
nexité, le prix des marchandises, ce qui pouvait
devenir pour elles une source de débouchés.

Cependant plusieurs particularités en firent
échouer le projet. D'abord il augmentait le

capital de la dette d'un quart, et ne diminuait la rente que d'un cinquième, de façon qu'il était difficile de décider si, en définitive, la France n'avait pas autant à perdre qu'à gagner à l'adopter; il ne reposait que sur une hausse factice, à laquelle l'amortissement et l'agiotage avaient la plus grande part; il apparaissait suivi d'une augmentation de capital d'un milliard en faveur des émigrés, comme d'un obstacle à la baisse de l'intérêt; il exigeait, en cas d'exécution, qu'on mît en jeu trop de ressources pour offrir aux rentiers une garantie suffisante du remboursement; enfin, il poussait les capitalistes à un agiotage effréné et toujours dangereux, par les mutations subversives qu'il introduit brusquement dans les fortunes.

Ce projet eut encore pour fâcheuse conséquence, à ce que me dit un cœur prompt à défendre ce qu'il admire, d'exiler du ministère un personnage qu'un caractère éminemment chevaleresque, l'appareil d'une éloquence suave et prophétique avait illustré dans les deux mondes; et qui, par son dévoûment à la dynastie, des services rendus au christianisme et à l'État, de hautes vues en politique, rassurait la France sur le triomphe de ses intérêts les plus chers, la légitimité, la religion et les libertés publiques.

Que si la gravité de ces considérations ne paraît pas avoir retenu M. de Villèle, il faut peu s'en étonner : c'est dans les postes les plus élevés que les grandes âmes sont le plus exposées aux séductions de la gloire. Et M. de Villèle a pu se flatter d'immortaliser son génie par le coup d'état le plus habile que suscitaient les circonstances pour l'honneur de la couronne et la prospérité de la France. Le mal vient de ce que M. de Villèle ne s'est pas formé une idée exacte de l'influence de l'amortissement pour la hausse des fonds, quoiqu'il en fît la boussole de ses opérations. Mais cette exactitude dépend à son tour d'observations si délicates et si profondes, qu'elles échappent aisément à l'attention d'un esprit préoccupé, surtout en sens contraire.

Il n'y avait qu'un seul mode de remboursement praticable, si on avait réellement pu y procéder, comme le seul tout à la fois digne d'une administration éclairée et prudente, et d'une nation loyale et riche : c'était celui de classer la rente par séries, et après avoir déterminé le montant du remboursement à opérer, de laisser le sort décider lesquels d'entre les rentiers seraient remboursés. L'Espagne l'a adopté, et elle s'en trouve fort bien.

Toutefois ce coup d'état n'en est pas moins

( 11 )

l'œuvre d'un profond calculateur, capable d'embrasser par la pensée les plus vastes ressources. D'ailleurs, on ne peut contester que la France ne doive à M. de Villèle la suppression du provisoire financier, la création d'un comité de commerce, d'un bureau de marine et du ministère des cultes, une efficace participation à la loi de l'indemnité, l'émancipation de Saint-Domingue, une forme de comptabilité plus régulière et plus prompte : tous ces faits parlent, et il est impossible d'en contester raisonnablement un seul.

Avec quelle différence de perspicacité M. de Villèle n'eût-il pas prévu les tristes suites de son projet, si, guidé par la nature, il n'eût assis ses combinaisons que sur la situation réelle de la France, en fait de population, d'industrie, de débouchés et de numéraire !

Mais ce tort est-il moins imputable à M. de Villèle qu'aux économistes les plus famés qu'il semble avoir pris pour conseillers, et qui se piquent de dédaigner le plan le mieux conçu, par cela seul qu'il se rapproche de la nature? C'est ainsi que Malthus veut que l'on supprime les taxes établies en faveur des pauvres, et qu'on se repose de leur sort sur la bienfaisance des riches : conception plus digne d'un philanthrope que d'un observateur politique.

Qu'on ne soit donc pas fort surpris si, durant la dernière session, M. de Villèle a prétendu que le développement du travail était subordonné à l'accroissement des capitaux, d'où il résultait que si le travail manquait aux bras, c'était faute de numéraire ; tandis que M. de Vaublanc, homme d'état également très-distingué, a soutenu que la France regorgeait de capitaux, et a, en conséquence, proposé l'établissement d'une caisse d'utilité publique ; et si l'on a vu la Chambre, à son tour, glisser avec la plus froide indifférence sur ce conflit bien que l'un des plus dignes de l'attention législative.

En effet, la vérité qui jaillit pleinement de ce choc étant que des bras manquaient de travail, il y avait à rechercher, dans l'hypothèse de M. de Villèle, les moyens de suppléer à la pénurie des capitaux, et dans celle de M. de Vaublanc, à leur imprimer une circulation plus prospère.

Ainsi la raison et l'humanité s'accordent ici pour faire retomber sur l'administration la responsabilité de l'inaction qui a pu se faire sentir dans les bras, comme de vices et de crimes dérivant de l'insuffisance de ses principes : des bras manquer de travail, lorsque c'est trop qu'ils en doivent chercher !

Qu'on ne soit pas surpris encore, si M. de

Vaublanc, ayant aussi avancé devant la Chambre
que Paris recevait des caisses du gouvernement
une somme d'argent très-supérieure à celle qu'il
y versait, dans une différence d'environ 80 à
20 millions, cette assertion, malgré la considération justement attachée aux connaissances et
au caractère de son auteur, est passée inaperçue,
comme un rayon de lumière devant des yeux
fascinés. Les dangers de ce système n'ont pas
été approfondis; autrement, il faut le croire
pour l'honneur des députés, ils eussent suffi
pour exciter l'indignation de toute la Chambre.
Par quelle compensation une si monstrueuse
inégalité pourrait-elle subsister long-temps
sans amener la ruine des provinces, de fond
en comble, et faire de Paris un brandon
de guerre civile? Quelle amélioration est-il
sensé d'attendre de la baisse des intérêts des
capitaux pour un pays dont on soutire à grands
flots le numéraire jusqu'au dernier sou? Et
cependant M. de Villèle n'a-t-il pas fait de cette
baisse un de ses premiers chevaux de bataille
en faveur de la réduction des 5 p. $\frac{0}{0}$? Justes
dieux, quelle incohérence!

Banque, capitaux, crédit, tels sont les mots
sacramentels qu'on entend continuellement
résonner dans la bouche des financiers. Mais si

( 14 )

l'usage des meilleures choses de ce monde a des excès à prévenir, à plus forte raison celui qui ne tient sa naissance que de la fiction. Jouir de ces expédiens avec précaution est encore un secret.

Aussi figurent-ils, ces mots superbes, dans le style administratif, beaucoup plus comme fins que comme moyens. Mais pourquoi leur reprocher de cacher ce qu'ils devraient dévoiler complètement, le bonheur? L'Académie elle-même ne fait-elle pas encore attendre à la France une signification claire et nette de ce terme, selon les premiers préceptes de la raison, terme si doux pourtant à prononcer, et le premier sur lequel les membres d'une société qui se civilise aient besoin de s'accorder? Car si l'on ne connaît pas le but du voyage, comment peut-on se flatter de l'atteindre?

Soulager les propriétaires fonciers, comme la classe la plus souffrante et la plus négligée dans les plans de dégrèvement, telle est encore évidemment l'amélioration à laquelle tendent les efforts du ministère. Eh quoi! il ne s'aperçoit pas que ce projet, tout beau qu'il paraît être, repose sur une pensée des plus fausses? Les propriétaires n'ont-ils pas à leur disposition trois moyens d'existence, leurs bras, leurs revenus et les bienfaits divers du gouvernement?

Que si, indépendamment de cette profusion, ils sont malheureux encore, à quel sort sont donc réservés ceux qui n'ont pour toute ressource que leurs bras et leur misère? Autant vaudrait-il avouer que la France est au fond d'un abîme.

En vérité, c'est un fait inouï que la légèreté avec laquelle chacun tranche en noir sur le compte des impôts. A entendre les premiers publicistes, le gouvernement est une espéce d'animal amphibie qui n'a pas plutôt avalé les grosses sommes qu'on lui abandonne, qu'il s'enfuit avec elles dans la mer, où on ne peut deviner ce qu'elles deviennent.

Cependant quoi de plus simple et de plus évident que ce raisonnement! Quelqu'énormes que soient des subsides, dès qu'ils se dépensent dans l'État, une nation n'en est ni plus riche, ni plus pauvre, puisqu'on lui restitue d'une main le montant de ce qu'on lui décime de l'autre, à moins que leur levée n'encourage ou ne ralentisse la production. Toute la question se réduit rigoureusement à cela, abstraction faite toutefois de la justice qu'il peut y avoir, moralement parlant, à laisser l'argent à des détenteurs de préférence à d'autres. Or, pour prouver que les impôts sont ainsi jugés au sommet de l'ad-ministration, le ministère a-t-il jamais produit, pour ou contre l'action des impôts, le moindre document précis, catégorique? De son côté, l'opposition a-t-elle jamais cité à l'appui de ses énumérations lamentables ou de ses exclamations boursoufflées, un fait qui eût réellement quelque consistance? De bonne foi, n'est-ce pas à qui mieux mieux entre les deux partis pour embrouiller les idées et bâtir sur des ténèbres? Pourtant, qu'est-ce qu'un grand État sans finances, et qu'est-ce que des finances délibérées avec une si aveugle négligence? Qu'on ait donc une fois le courage de l'entendre dévoiler publiquement. Ou l'on ne sait ni ce qu'on dit, ni ce qu'on fait, ou l'on s'émancipe outre mesure sur ce grave chapitre. En voici une preuve irrécusable :

Lorsqu'en 1814 il s'agit de voter le budjet, qu'on s'en souvienne, ce fut entre les députés à qui ferait de la France le tableau le plus encombré de ruines.

A quelles prédictions sinistres M. Ganilh, auteur pourtant de plusieurs écrits économiques, n'a-t-il pas lui-même étendu la chaleur de ses pensées? L'événement en a-t-il justifié une seule? Combien la France ne paie-t-elle pas aujourd'hui plus d'impôts qu'alors! D'un autre côté, quelle quantité de numéraire les folies de 1815 ne lui ont-elles pas enlevée! En est-elle écrasée pour cela? Ah! si, au contraire, ces dépouilles eussent été consacrées à l'encouragement du travail, suivant mon plan, quelle richesse et quelle innocence ne serviraient pas déjà de fanal à l'opinion générale contre les précipices de l'ignorance et le danger des passions!

Mais que penser de ces orateurs qui, pour faire ressortir plus vivement la nécessité de retrancher le budjet, après avoir invoqué le génie de Colbert, ont la naïveté de rappeler, comme des calamités, les magnifiques dépenses du grand siècle? Quelle erreur! loin que la France en ait un écu de moins, que de millions n'en posséde-t-elle pas de plus? Car, que d'étrangers ne sont pas attirés et retenus au sein de la capitale par les monumens si glorieux et si doux qui naquirent de ces dépenses! D'ailleurs, que d'éclat ne s'en reflète-t-il pas dans tous les pays sur le nom et les produits français! Un tel trésor est-il insignifiant pour qui sait sentir et penser? Enfin, quel ami des arts, en contemplant le Louvre, a jamais regretté l'argent qu'il a coûté? De tels reproches ne peuvent émaner que d'une vue étroite qui s'entend mal à la théorie des impôts, et plus mal encore à la majesté qui doit environner le premier trône du monde.

2

Aussi, je supplie à mains jointes le ministère de vouloir bien enseigner à la France en quoi il fait consister les preuves claires et positives de l'efficacité bienfaisante de la diminution des impôts; ou de quelle certitude il s'autorise, seulement par devers le tribunal de sa conscience, pour vivre en gaîté de cœur sur la situation de la France, malgré les maux qui, à la connaissance de tout le monde, dévorent et dégradent la basse classe. Car, quoi de plus vide de vraie démonstration que les abstractions riches et fleuries par lesquelles il surprend plutôt qu'il n'éclaire l'opinion des Chambres ! Est-il seulement certain que la baisse des fonds, dont ses ennemis lui font un si dur grief, ne soit pas l'effet d'un surcroît de commande qui porte des capitalistes à retirer leurs fonds pour donner de l'extension à des ateliers, et qu'ainsi la baisse soit moins un indice de mal qu'un signe de bien?

La balance du commerce, de laquelle le ministère a soin de s'appuyer, est, j'en conviens, un témoignage de prospérité moins équivoque. Mais en la supposant aussi exacte que possible, isolée, comme elle se présente en public, d'un recueil de faits découlant de ses données et plus décisifs encore, elle n'est au creuset de la raison qu'un guide fidèle à la vérité, mais qui perd une partie de son crédit faute de savoir s'énoncer convenablement.

En appeler aux Chambres quand on s'adresse à la France, et réciproquement, lorsqu'il s'agit d'un si grand intérêt que celui de la prospérité de la nation : vaine enseigne ! Par quelle fatalité ne serait-elle pas susceptible de s'établir par *doit* et *avoir* à l'égal du bilan d'une maison de commerce, et de manière à ce que chacun y reconnût son lot ? Si le ministère n'en voit pas moyen, je m'engage ici à lui en indiquer au moins un. S'il en connaît, n'est-il pas pénible, pour qui aime le gouvernement, de ne pouvoir, faute de les voir employer, ni fermer la bouche à ses détracteurs, ni se tranquilliser l'esprit sur l'état des affaires publiques ?

Mais pour connaître ces moyens, il faudrait auparavant s'être formé une idée passablement distincte de la généralité des besoins du royaume. Malheureusement à quelle distance s'en montrent les colonnes du budjet !

Que le ministère s'honore donc d'en convenir, il marche au hasard, parfois même en rétrogradant, dans la route même qu'il s'est tracée au milieu des questions les plus intimement liées à la fortune publique. Car il suffit de la réflexion pour sentir que s'il ne cédait qu'à la force des principes et à la certitude des résultats, il retirerait de sa propre conviction une telle rectitude, de la confiance du Monarque une telle stabilité, et de l'assentiment des Chambres une telle vigueur, que les incidens les plus inopinés et les obstacles les plus impérieux viendraient bientôt d'eux-mêmes se réduire en atomes sous le poids invincible de ses massifs rouages.

La science de l'administration est-elle donc si difficile à acquérir? En thèse générale, non sans doute; elle demande alors moins de génie que de bon sens, moins d'audace que de fermeté, moins de grandeur que d'abnégation, moins de sévérité que de clémence, et par-dessus tout de la justice; mais dans un cas particulier, tel que celui de la France, c'est autre chose; elle touche à une époque où un ministre ne pourra plus se passer de connaissances que jusqu'à présent on a cru absolument étrangères à l'art de gouverner.

Si l'on cessait d'ignorer, par exemple, pourquoi la pierre tombe et le feu s'élève, ou par quelle loi d'immenses sphères planent et roulent dans les cieux avec une harmonie dont la justesse nous ravit et nous étonne, on saurait bientôt par quelle magie le sang circule ou s'arrête dans les veines, on sentirait alors le prix d'un ministre qui, initié à ces connais-sances élémentaires, pourrait remédier avec plus d'efficacité aux maux de tous genres qui affectent l'humanité, et avec lesquelles elles ont le rapport le plus intime.

Honneur à ces professeurs de la Faculté qui pensent que la médecine attend désormais ses progrès de la maturité de la physique ! C'est déjà un grand pas de fait pour le bien de l'humanité.

Nul édifice scientifique n'est en effet plus démonstratif, plus stable, plus fertile en phé-nomènes que cette science, que l'on devrait appeler maternelle. Ce n'est qu'à son flambeau qu'il est donné au physiologiste de porter un œil investigateur dans l'intérieur de l'organi-sation humaine, pour démêler le mobile du cœur et les causes de l'entendement; comme il n'est donné au moraliste et au magistrat de pénétrer dans cet abîme que sur les traces du physiologiste, pour en constater l'innocence ou découvrir la criminalité; et interdit à un ministre qui dédaignerait l'étude que cet enchaînement suppose, d'embrasser par la pensée tous les ressorts d'un empire pour les faire agir sans désaccord, ou sans déshériter le passé, compromettre le présent et ruiner l'avenir.

Le développement des lumières a toujours pour origine deux effets contraires, la satisfaction et la renaissance d'un besoin : ce qui veut dire, que tout en satisfaisant les désirs, elles les irritent. Voilà pourquoi lorsque les lumières se répandent chez un peuple avec quelque rapidité, elles semblent le réveiller d'un assoupissement. Mais lorsque son régime se modifie d'après leur expansion, chaque besoin se trouve satisfait à mesure qu'il éclot, et chacun bénit la main qui les accueille. Lorsqu'au contraire, un gouvernement, soit par dédain ou par violence, conspire contre leur développement, le citoyen laborieux dont elles vivifiaient l'existence, contraint de fermer les yeux à leurs divins rayons, meurt de désespoir ou prend le chemin de la révolte.

Mais le développement des lumières a son terme dans la mesure des besoins, qui a le sien dans le système de l'organisation humaine, comme l'expansion et l'influence des rayons du soleil ont leur limite, par rapport à la terre, dans la capacité du globe.

Le premier besoin que les lumières ont fait naître, a été celui des arts et des mécaniques,

comme d'un double moyen de jouir et d'éco-
nomiser le temps. Le second a été celui de la
liberté, parce qu'à mesure que les productions
se sont multipliées, l'esprit mieux cultivé a
senti la nécessité de se délivrer des obstacles
qui en gênaient l'essor. Ainsi, les lumières, les
arts et la liberté sont dans chaque pays en
raison les uns des autres. C'est ce que prouve
l'état de la Turquie.

Les droits qui, pour l'homme, découlent de
ces principes, sont fort différens de ceux que
la révolution grava sur ses tables ensanglantées.
Ils sont simples comme la nature et calmes
comme l'Évangile. Ils consistent à le faire vivre
en santé, avec décence, au moyen, pour le
moins, de sa vocation naturelle, à obéir à son
prince selon sa conscience, et à servir Dieu
suivant une sainte autorité; afin d'être satisfait
en ce monde et heureux dans l'autre.

Tout homme qui souffre sous l'un ou l'autre
de ces rapports, est opprimé ou par la méchanceté des uns, ou par l'ignorance des autres.

Lorsque l'homme sortit des mains du Créateur,
il était beau, sain, raisonnable, ou tel que l'on
en voit beaucoup : pourquoi l'espèce en général
semble-t-elle si fort dégénérée?

Pour résoudre ce problème, les uns s'en

prennent au goût du luxe, ou à une méchanceté naturelle à l'homme; les autres en
accusent la propagation des lumières, ou
l'égoïsme des agens du pouvoir. Aucun, à mon
avis, ne rencontre juste. En admettant que la
méchanceté entrât pour quelque chose dans
les maux d'une nation, elle ne serait toujours
qu'une cause de second ordre, parce qu'elle
fait supposer une soumission aveugle de la
part de la majorité des citoyens, aux caprices
de la minorité. C'est à l'ignorance qu'il faut
toujours remonter pour arriver à la source de
tout mal. D'ailleurs, s'il en était autrement, il
faudrait renoncer à l'étude de la nature, dans
le désespoir de pouvoir rien perfectionner.

Relativement à la France, ces vérités sont si
palpables, que si j'attaque le ministère avec
une certitude que je pourrais nommer mathé-
matique, c'est, d'un côté, pour être sorti par
la seule force du calcul du labyrinthe d'idées
fausses dans lequel il se perd; d'un autre,
pour m'être frayé une route dans une terre
vierge, à la faveur d'un fil d'or qu'il laisse le
premier échapper de ses mains; en voici un
échantillon :

Malheur à qui hésiterait à le croire! L'homme
se forme avec une inclination à l'honnêteté et

( 25 )

un penchant au plaisir, où aspire sans cesse
au plaisir, continuellement retenu par deux
freins concordans, la raison et la pudeur. Il
naît dès lors comme pourvu de deux contre-
poids destinés à tenir sa volonté en équilibre
dans le cours d'une longue carrière où se rencontrent pour lui deux écueils contraires, la
débauche et le remords.

Ces deux poids ont leur siége ou plutôt leur
essence dans les ressorts de l'organisation.
Lorsque l'équilibre se rompt, c'est en augmen-
tant l'essence de l'un, de la quantité qu'en perd
l'autre. De là, une bascule qui nous explique
par quelle secrète progression de sensibilité
l'homme peut tout-à-coup passer de l'état le
plus calme à la fureur la plus bouillante. Ainsi
entre le physique et le moral subsiste la plus
intime liaison; et pour prouver ce fait pri-
mordial, j'en appelle à tous les physiologistes
du monde.

Cela posé, je prétends que la fureur ou la
brutalité d'un penchant, lorsqu'elle n'est pas
provoquée par une défense légitime quelconque,
ou par la présence d'un objet extrêmement
séduisant, doit être considérée comme une
modification accidentelle du caractère dérivant de l'état des organes par maladie, ou d'un

dérangement dans leur équilibre par destruction, qui les soustrait à l'empire de la raison,
ou d'un vice d'organisation contracté dans les
flancs maternels : en sorte que tout enfant
qu'une femme conçoit, est exposé à recevoir
une constitution aussi dépravée au moral que
dégradée au physique.

Comme la femme est naturellement portée
à veiller à la conservation de son fruit avec un
soin tout particulier, je soutiens encore que,
si malgré cette inclination, il naît défectueux,
ce ne peut être que par l'ignorance de la femme
en ce qui concerne ses devoirs, ou par sa
soumission à un joug inique ou plutôt barbare.
Chez les peuples constitués en société, la source
de ces deux maux se présente d'elle-même dans
la connaissance des principes qui les régissent.
Ainsi, le genre humain y est plus ou moins
doué de beauté et de vigueur, de raison et
d'esprit, de sensibilité et de bienveillance; en
abrégé, plus ou moins enclin à l'honnêteté ou
adonné aux plaisirs, selon que les institutions
et les lois reposent sur plus ou moins de
lumières et de vertus.

Quelque neuve, quelque singulière que pa-
raisse cette théorie, puis-je douter de sa
vérité, lorsque je vois l'influence que le

physicien a la faculté d'exercer sur l'âme à l'aide du magnétisme, du galvanisme et de l'électricité?

En puis-je douter, de cette vérité? lorsque j'entends le cri d'effroi que jette une mère en serrant pour la première fois son fils dans ses bras, à l'aspect de la figure hideuse, soit d'un crapaud qu'elle y trouve empreinte; ou lorsque je vois une tache lui rappeler si douloureusement l'envie ou l'objet dont elle a eu l'imagination frappée au commencement-de sa grossesse.

En puis-je douter? lorsque je vois avec quel empressement les femmes, qui ont conçu, se privent de ce qui peut leur faire plaisir pour appaiser les désirs d'une femme enceinte.

En puis-je douter? lorsque je remarque que les difformités de toute espèce se produisent, pour le nombre et la gravité, dans la même proportion que les femmes souffrent d'indigence ou manquent de vertu.

En puis-je douter? lorsque je considère à quel honteux dénûment, à quelle horrible indigence les principes de l'administration réduisent tant de milliers de femmes enceintes. Car de deux choses l'une : ou la France possède ou ne possède pas de quoi faire vivre chacun de ses habitans suivant ses droits. Dans le premier cas, pourquoi les femmes manquent-elles du nécessaire? Dans le second, d'où vient que la France en manque elle-même? Hommes d'état que ces faits accusent, sortez, si vous le pouvez, de cet étroit défilé, sans faire l'aveu de l'habileté la plus alarmante : quelles que soient vos objections, je ne les crains pas.

En puis-je douter? lorsque, rapprochant le système de l'administration de l'esprit de charité qui forme une des premières bases du christianisme, j'en vois ressortir une antipathie qui semble faire de cette charité une invention chimérique; comme si l'administration avait reçu la mission de détruire la foi, ou comme si le christianisme, qui fait du travail la première règle de conduite de ses adeptes, était inconciliable avec la prospérité d'un empire; que dis-je? comme si l'opulence même devait l'emporter chez un peuple de chrétiens ou de philosophes, sur la concorde, l'espérance d'une autre vie et la gloire de l'Éternel, c'est-à-dire, sur les premiers élémens du bonheur, ou les premiers fondemens de l'ordre social.

En puis-je douter? lorsque je lis dans l'histoire de Sparte, qu'on y était si convaincu de l'influence de l'imagination des femmes pour le bonheur ou le malheur de leurs enfans, qu'un Spartiate avait grand soin de placer sous les regards de la femme, dès qu'elle devenait enceinte, ses plus belles statues et ses plus beaux tableaux; aussi, ajoute l'histoire, les Spartiates passaient-ils pour avoir le plus beau sang du monde.

Quelle est donc précieuse la doctrine de Gall, cette crânologie par laquelle il nous démontre avec une si énergique évidence que le moral de l'homme est désorganisé dans la même proportion qu'il se rend criminel, ou que toujours l'homme est malheureux avant d'être coupable! Quelle perte, si, à la honte du siècle, ce foyer d'observations venait à être étouffé sous le tas de langes qui, à la voix de l'erreur et de la prévention, en un mot, de la routine, offusquent et garrottent encore la raison des peuples!

Cependant, il faut en convenir, ce n'est pas sans quelque fondement que cette doctrine a été si mal reçue à son apparition. Elle péche sous plusieurs points capitaux. D'abord, faisant naître, comme par fatalité, des hommes avec les plus horribles penchans, sans en indiquer ni la cause, ni le remède, elle ne permettait pas de l'adopter sans faire de la nature une

( 3o )

puissance aveuglément cruelle et inexorable;
et cette injure répugnait trop au cœur et à
l'esprit humain, pour qu'un sage pût s'en
déclarer le partisan.

En effet, ces penchans ne doivent être attri-
bués qu'à une privation de quelques degrés de
sensibilité ou de quelques facultés de réflexion,
laquelle fait des individus qui en sont atteints,
une espèce d'hommes à part, en tant qu'affectés
de stupidité ou dépourvus de remords. Car
quoi de plus imprévoyant ou de plus insensé
dans leur conduite que les trois quarts des
criminels, même les plus rusés, puisque sur
cent crimes à peine en voit-on quelques-uns
échapper à l'impunité des tribunaux !

D'un autre côté, la doctrine de Gall, en
diversifiant les inclinations et les penchans en
trop grand nombre, semble se perdre dans un
épuisement de conjectures sans limite.

Mais quoique ce physiologiste eût mérité le
châtiment qu'on lui a infligé, il a droit à la
vénération de tout homme sensible et religieux,
pour avoir le premier appris aux hommes
qu'ils naissaient avec le front · visiblement
entaché d'un péché originel. J'ose même dire
que si le gouvernement autrichien avait su ce
qu'il faisait, lorsqu'il a mis la doctrine de Gall

à l'*index* à titre de matérialisme, au lieu de le condamner à l'exil de sa patrie, il eût fait graver son nom en lettres d'or sur le frontispice de la cathédrale de Vienne.

Le christianisme appelle, au contraire, cette doctrine de toutes ses forces. Premièrement, en prêchant le travail, la charité, le mépris des richesses superflues, la tempérance et la modestie ; secondement, en déployant dans ses rites et ses cérémonies, sous le rapport du sentiment, tout ce que la nature a de plus symbolique et de plus touchant ; et sous celui de l'imagination, tout ce que l'art a inventé de plus auguste et de plus magnifique.

Aussi serait-il difficile de décider lequel des deux, malheureux ou coupables, ils sont le plus ces soi-disant philosophes, d'avoir pris si ardemment à tâche d'ébranler le christianisme jusque dans ses fondemens, sans prendre la peine d'y substituer quelque croyance, seulement digne du nom d'homme, ou de vouloir qu'on lui préférât un culte aussi nu et aussi froid que la pierre.

Ainsi tout ce qui dégrade le corps humain, tout ce qui en déshonore le caractère, en formant des uns des boiteux, des bossus, des borgnes, des aveugles, des nains ou des

culs-de-jatte; et des autres des idiots, des
aliénés, des suicides, des voleurs, des assassins
ou des bourreaux, est en premier lieu l'ouvrage
de principes administratifs : d'où il suit que
chacune de ces difformités ou de ces dépra-
vations doit être considérée comme une marque
vivante de la profonde indignation avec laquelle
la Nature flétrit les principes, ou plutôt les
dénonce aux Monarques et aux ministres de
la religion, comme autant d'attentats par
lesquels les préjugés et les passions tendent à
détruire ce que Dieu a créé de plus parfait, à
commencer par ce qui fait la paix et l'ornement
de la terre, le trône et l'autel.

Qu'on ne soit donc pas surpris encore si, à
mesure que le temps s'achemine, on a l'esprit
frappé de meurtres toujours plus effrayans; si
Paris, par exemple, vient de voir une femme
non moins féroce que Papavoine, couper en
plein jour la tête à un enfant, et la jeter
immédiatement par la fenêtre dans la rue avec
un sang-froid qui manque d'expression dans la
langue, la nature ne saurait avertir plus élo-
quemment l'administration de suspendre un
instant sa marche pour se rendre une bonne
fois raison de son système.

Ah! si de ma voix je pouvais faire retentir

ces impassibles vérités, du pied du trône aux quatre coins de la France, avec quelle énergie ne tâcherais-je pas de les proclamer! Car il est temps, bien temps, de prendre en considération les maximes qui surgissent au sein de la nation, du progrès des sciences de la nature.

De tout ce qui précède il résulte que ma critique roule sur deux champs fort distincts : l'un, en ce qui concerne les principes d'une saine administration; l'autre, en ce qui est relatif à l'origine des difformités et de la dépravation de l'espèce humaine.

Plusieurs aperçus essentiellement remarquables tressaillent de ces rapprochemens. D'abord, l'hypothèse par laquelle j'explique la dégénération de l'homme, n'est que le corollaire des principes administratifs que je suggère dans le cours de la discussion; de plus, ces principes et cette hypothèse, tout en s'alliant avec les vérités du christianisme, s'appuient sur les lois les plus positives des sciences naturelles et sur les témoignages les plus authentiques de l'histoire. Ainsi, toutes les idées dominantes s'enchaînent, dans mon système, et concourent à la même fin; quelle preuve plus convaincante pourrait-on raisonnablement exiger de sa validité?

Aussi, et pour ne rien laisser à désirer de mes soins, si l'on voulait que je m'abusasse, en matière de physiologie, ne ferais-je aucune difficulté de céder, pourvu que l'on convînt que la misère est un germe de destruction et de perversité pour celui qu'elle frappe, et une source de faiblesse et de calamités pour la nation où elle s'invétère; d'où il suit qu'il ne serait pas moins impolitique qu'injuste de la tolérer, surtout si, comme je m'oblige à le démontrer encore, on peut simultanément secourir le misérable jusqu'à rendre sa condition honnête, et augmenter la masse des richesses générales jusqu'à un nouveau degré. Car, m'accorder cette conclusion, c'est me donner gain de cause sur les prémisses.

Mais pourquoi faut-il qu'entraîné par le poids de l'universalité de ces considérations, je ne puisse qu'en tremblant achever de décrire aux yeux de la France la situation de ses affaires intérieures, et dès lors en former un assemblage plus propre à déchirer qu'à satisfaire le cœur de tout bon Français, tant il semble contraster par ses détails avec la peinture qu'en présente officiellement le ministère?

La société se divise en trois classes : riche, aisée et pauvre. Toutes trois éprouvent des

maux : la classe riche souffre de la contem-
plation du dénûment, des maladies et des
châtimens auxquels le pauvre est en proie, en
même temps que de l'appréhension continuelle
d'être assaillie par les plus misérables. La classe
aisée gémit non-seulement du spectacle de ces
maux, mais encore des sacrifices auxquels ils
la forcent, soit en la privant de quelque douceur pour pallier de cuisantes douleurs dont
l'aspect ou le récit l'inquiète, soit en la décidant
à l'abandon du tout ou d'une partie d'une
créance légitimement acquise, soit en l'expo-
sant à rencontrer en public des parens dont la
mise déguenillée ou la réputation les accable
de mortification. La classe pauvre souffre tout
à la fois, et de se sentir un ignoble instrument
de haine ou de mépris pour les classes supé-
rieures, et de se voir condamner, sans qu'elle
se doute comment, à endurer une série de
maux si divers, si aigus, si désespérans, que
l'imagination s'y perd.

Ainsi, je ne dirai pas combien de familles,
n'ayant d'autre ressource que les bras d'un
père ou d'une mère, vivent au jour le jour
avec un chétif salaire de 20 à 25 sols par jour; ni
combien de ménages économes sont désunis
par le souvenir de dettes criardes, contractées

chez le boulanger, le tailleur et autres ; comme, retenu par des difficultés analogues, je ne chercherai pas non plus si, dans les deux autres classes, il est des fabricans ou des négocians qui se creusent le cerveau pour trouver le secret de retarder ou prévenir l'éclat ignominieux d'une banqueroute déterminée par un change- ment inopiné dans les affaires sujettes en général à trop de chances périlleuses ; ou s'il est des individus qui, perdus de débauches, à force d'y avoir été entrainés par l'attrait d'un mauvais ordre de choses, préméditent dans la solitude le suicide, l'incendie et le parricide. .

Mais que de milliers d'enfans trouvés ne prennent pas tout en naissant le chemin d'un hospice étranger à la maternité, tandis que des milliers d'autres languissent en suçant une mamelle sale et desséchée ! et à combien de dizaines de milliers ne pourrait-on pas évaluer le nombre des mendians que l'on aperçoit de toutes parts, couverts de haillons et rongés de vermines, ramper sur le chemin des passans, ou, privés de la vue, implorer sur les traces d'un chien la pitié de ceux qui les rencontrent ! Mais si l'on en croit M. Appert, cent vingt mille âmes souffrent, les unes de maladies dans les hôpitaux, ou dépérissent de malaise dans les prisons, ou succombent dans les bagnes sous le poids des fers, ou attendent la mort au fond d'un cachot, le glaive suspendu sur leur tête.

Ainsi, sans compter le grand nombre de malheureux que chaque jour prend soin de secourir la charitable munificence du meilleur des Rois, ou la pieuse sollicitude des Princes et des Princesses de son auguste sang, que de maux la France n'a-t-elle pas à énumérer ! Et l'on veut que la France soit florissante ; et que serait-ce donc si elle tombait en décadence?

Cependant la seule faute que le ministère pourrait avoir à se reprocher à cet égard, ce serait celle-ci : lorsqu'il s'agit de faire connaître aux Chambres la situation de la France, au lieu de s'efforcer de tenir leurs regards attachés sur le revers de la médaille, comme sur un chancre qui gangrène la nation et qu'il est urgent de cautériser, il semble ne s'occuper que de la tourner du côté enchanteur, sans faire attention que cette manière d'administrer fait plutôt injure qu'honneur à la sensibilité des Chambres ; et qu'en voilant aux yeux de la France la profondeur des maux qui la minent sourdement, elle diminue avec quelque raison, au préjudice du ministère, les services que la nation en reçoit effectivement.

Au reste, je raisonne dans une hypothèse qui n'existe pas. Je suppose que les ministres admettent avec moi que tous les maux de la France soient de nature à être à peu près guéris ou prévenus; et le fait est qu'ils sont persuadés que ces résultats ne sont accessibles que jusqu'au point où ils s'arrêtent, et que tenter d'aller au-delà, ce serait se précipiter dans les plus dangereuses innovations : préconisant ainsi, sans le vouloir, l'esprit systématique d'une tourbe d'ignorans présomptueux qui, pour s'abandonner plus librement au tourbillon des faux plaisirs, ont besoin de s'endurcir le cœur en disant : De tout temps et dans tous les pays il y a eu des malheureux, et il y aura toujours des maux; il y a eu des méchans, et il faudra toujours des gibets.

Qu'ils prennent donc au moins la peine, ces penseurs de mauvais augure, de découvrir une fois à la nation pourquoi la Hollande n'a eu à une époque qu'une exécution à mort dans le cours de onze ans; pourquoi le fouet fut, dans un temps, le châtiment le plus sévère qu'on employa au Paraguay, et ne s'en servit-on qu'une seule fois dans l'espace de cent cinquante ans; pourquoi n'y avait-il aucun mendiant à Genève lorsque les Français s'en

emparèrent; pourquoi, enfin, la France, avec
une meilleure religion que celle de la Hollande
et de Genève, un sol des plus fortunés, une
industrie presque sans rivale, une forme de
gouvernement supérieure à laquelle que ce
soit, et la dynastie la plus illustre du monde,
vaudrait pourtant beaucoup moins que le pire
de ces trois peuples-là, puisqu'il n'est pas un
des jours de l'année, en les prenant les uns
dans les autres, qui ne soit teint du sang d'un
suicide, d'un meurtre ou d'une exécution? Eh!
pour déposer de ces faits sinistres, la France
n'a-t-elle pas vingt-six échafauds en demi-
permanence avec quatre-vingts exécuteurs,
qui, en vivant de pain trempé dans le sang
humain, s'annoncent toujours prêts à le verser
aux ordres de qui les paie, serait-ce de
jacobins plus féroces que des Cannibales?

Objecterait-on, par exemple, que le bien est
plus facile à opérer dans un petit État que dans
un grand? Et puis, que cela prouverait-il? Où
serait-il donc vrai que c'est dans la patrie des
Fénélon et des Bossuet, des Labruyère et des
Montesquieu, des Bernardin de Saint-Pierre et
des Buffon, c'est-à-dire, des hommes qui ont
le mieux connu le besoin de la religion, l'empire
de la raison et des lois, et la sympathie de la

nature, que les plus ridicules aberrations sont érigées en maximes d'état irréfragables? Comment les ministres d'un sacerdoce si saint peuvent-ils voir le sang couler par flots comme il coule, sans craindre que de douleur les rochers ne se fendent, que les arbres ne se déracinent, que les pierres ne s'élancent, ou que la colère céleste ne se manifeste par quelque effrayant phénomène?

Ce n'est pas tout : pour mettre au pied du mur ces détracteurs des ouvrages de la création, je vais faire sentir, par un exemple, combien il est facile, pour qui entend la nature humaine, de prévenir le crime.

Il y a quelques années qu'on vit deux instituteurs, l'un à Lyon, l'autre à Armentières, poursuivis par le ministère pour viol commis sur de jeunes filles confiées à leur enseignement. Le ministère crut avoir rempli tout ce qu'il était possible d'attendre d'une tête habile que d'appeler promptement sur les coupables le châtiment des tribunaux. Que s'il avait réellement connu toutes les ressources de son pouvoir, il aurait commencé par faire changer une loi qui, en autorisant la liaison la plus dangereuse, est devenue tout à la fois une source du plus honteux scandale et des regrets les plus

amers. Des hommes instituteurs de jeunes filles !
Bon Dieu ! bon Dieu !....

Il est donc manifeste, pour tout esprit désintéressé dans la question, qu'il était plus facile
encore de prévenir ces deux viols que de
contenir les eaux de la Seine dans leur lit. Eh
bien ! il n'est aucun crime dont on n'en puisse
dire autant ; car plus un crime est grand, plus
il a fallu vaincre de répugnance pour le
commettre.

En résumé, le système de l'administration
n'est qu'un édifice des plus fragiles. Composé
d'élémens sans homogénéité, plus pestilentiels
que sanitaires, plus pervers que moraux, il ne
se soutient qu'à force de tortures que se donne
d'abord une multitude d'agens pour empêcher
qu'il ne s'écroule sous son propre poids, ou ne
soit renversé par les échecs partiels qu'on lui
porte à chaque instant de droite et de gauche.
Encore ne fais-je figurer dans cette allégorie
aucune des méprises vraies ou fausses que
certains journaux articulent avec un si grand
fracas contre le ministère ; elles ne sont ou ne
seraient que des peccadilles, en comparaison
des fléaux auxquels je désirerais qu'il remédiât.

Bâti sous le gouvernement impérial, ce
système accuse ses auteurs de dix défauts de

sagacité notables et fort disparates : c'est-à-dire, d'avoir calculé les droits de l'homme en esprit rétréci; d'avoir décidé des impôts à faux; d'avoir jugé des mécaniques en miope; d'avoir prononcé sur le principe de la population sans examen préalable, question pourtant si délicate et si profonde; d'avoir professé sur le travail une théorie plus vague que déterminée; d'avoir envisagé le crédit sous un seul point de vue; d'avoir établi des usages par lesquels le ministère peut arbitrairement faire de son penchant la règle des besoins publics, lorsqu'il devrait prendre ces besoins pour la règle de sa volonté; d'avoir, par *indifférentisme*, banni de ses calculs la morale de l'Évangile; de n'avoir presque rien compris à la nature du cœur humain; enfin, de n'avoir saisi que les premiers anneaux de la chaîne de maux et de crimes qui pullulent de la misère et du désespoir.

Ainsi, lorsque j'ai avancé qu'en fait d'administration on possédait à peine les premières notions de l'art, je n'ai rien prétendu de trop, ni que je ne sois à même de démontrer fort clairement. Il suit donc de cette analyse, toute succincte qu'elle est, en pleine apparence au moins, et n'est-ce pas déjà dix fois que la seule apparence de l'erreur sur de pareils principes, qu'avant de décider si un Français doit être condamné à mort, il faut s'assurer auparavant, dans la même proportion de sévérité, s'il n'y en a pas dix qui méritent d'être chassés de leur emploi? Je n'en dirai pas davantage aujourd'hui, pour ne pas trop affliger des juges ou enhardir des coupables. Mais de crainte de se tromper à l'avenir, les premiers ne doivent-ils pas à tout le moins demander au gouvernement la suspension provisoire de toute exécution sans remède, en considérant, ce à quoi je les convie, surtout pour se tranquilliser la conscience, les crimes et les erreurs de tous genres, comme les malheurs des temps, jusqu'à ce qu'ils se soient bien éclairés sur leurs véritables causes?

Toutefois que n'ai-je reçu du ciel le don de remuer les entrailles, de cette brûlante éloquence qui attirait les grands et les petits autour des anciens prophètes, lorsqu'ils faisaient entendre la vérité et préchaient la vertu aux pieds de sourcilleux rochers qui les appuyaient de leur silence! Jamais, non jamais, on n'aurait vu le fer et le feu se vomir contre une forteresse ennemie avec plus de rage que mes anathèmes contre ce système monstrueux, et dont s'indigne le premier et le plus profondément le sang noble et doux des Bourbons.

C'est donc au nom du bien de la France, de la raison, de la nature, de la religion, comme d'une Providence qui manifeste quelquefois ses décrets par la voix des nations, comme par ses oracles des plus solennels, que je supplie avec ardeur le ministère de prendre mes raisonnemens en considération, pour m'accorder l'objet de mes supplications; lequel est de faire décider, en pleine connaissance de cause, l'origine des maux de la France et des moyens les plus propres à y remédier, et, par suite, non-seulement de fermer l'abîme de la révolution par un développement de mesures préventives, mais encore de faire à la longue de la France un modèle de beauté, d'harmonie et de puissance, par un changement de face dans les idées et les hommes, aussi prodigieux et aussi consolant que cette période de malheurs a été rapide et épouvantable.

Tôt ou tard cette seconde révolution arrivera en France par un coin du monde ou par l'autre. Ah! si elle arrivera! Mais est-il de la dignité de la nation de l'attendre plus long-temps, ou, qui pis serait, d'en recevoir l'impulsion d'une main étrangère, lorsqu'elle peut avoir l'honneur de la donner à autrui, en la tirant du sein du trône? Tel est le double problème qui tombe

premièrement de la compétence des ministres,
et qui dès le jour où ils en auront pris connaissance (je dois le dire), fera peser sur leur
tête une responsabilité plus terrible, en l'appro-
fondissant, que celle qui a jamais pu réveiller
en sursaut un grand visir.

Pour offrir quelque gage de la solidité de mes
vues, je demande, le plus instamment, qu'au
nombre des hommes recommandables devant
lesquels j'aspire si ardemment à l'honneur d'être
présenté, soient appelés MM. le duc Mathieu
de Montmorency, le duc de Choiseul, le marquis de Chaptal, le comte de Lally-Tollendal,
le marquis Laplace, le comte de Ségur, le comte
de Vaublanc, le baron de Gerando, le comte de
Labourdonnaye, Royer-Collard, d'Hauterive,
Laffitte, Dupuytren, le baron Cuvier, Richerand,
Biot, Dalibert, Soumet et Casimir Delavigne.
Avec des conseillers aussi éclairés et aussi
généreux, peut-on jamais se repentir d'avoir
mal placé sa confiance en la leur accordant?
En outre, je m'impose irrévocablement la loi
de demander, avant toute mise à exécution
d'une mesure quelconque, qu'il soit levé un
tableau de la situation de la France en 1820,
1821, 1822, 1825, 1824 et 1825, et dont je
donnerai le plan, pour le rapprocher à l'avenir

chaque année d'un nouveau, dressé sur le même pied, et faire juger d'une manière beaucoup plus distincte et plus formelle qu'il n'en a encore paru, des progrès réels de l'amélioration de la chose publique, relativement, en premier lieu, à la richesse, comme la racine de toute existence ; en second, à la population considérée comme fruit des richesses et d'une activité salubre, sous le rapport du nombre, de la configuration, de la santé, de la lucidité et de la moralité. En bonne administration, tous ces symptômes doivent marcher de front. Avec un tel régulateur, est-il possible au vaisseau de l'État de s'égarer dans sa course? D'ailleurs, j'aurai besoin moi-même de ce noble appui et de ce guide précieux, comme du plus grand concours de crédit et de vertus pour me diriger, m'encourager, me protéger dans une tentative aussi périlleuse et aussi étonnante. Hélas! après avoir élevé la voix, que puis-je, à moins que m'immoler?

Aussi, comme malgré la conviction qui m'anime, je suis loin de m'attendre, par divers motifs nés du malheur des temps, à fixer, par cet opuscule, suffisamment l'attention du ministère, pour qu'il prenne au succès de ma cause une part réellement active, vu le grand sérieux de la matière, et afin de me justifier de toute arrière-pensée ou prévenir tout accident de hasard contraire à l'aplomb et à la force de mes données, je déclare que ce premier *Cri* sera successivement suivi dans sa publicité, de mois en mois à peu près, de quatre nouveaux, dont le premier traitera de physique, chimie, astronomie; le second, de physiologie, considérée sous le rapport du physique et du moral; le troisième, des principes de l'économie politique; le quatrième, de l'importance des supplices ou plutôt de leur inutilité, comme le mal le plus frappant et le plus urgent à arrêter; mais dix jours après que j'en aurai adressé un exemplaire à M. le président du conseil, et un jour après que j'en aurai fait remettre par M. Delaunay, libraire, au Palais-Royal, un, sur papier vélin et franc de port, à l'hôtel de chacun des vingt personnages dont je viens de former la liste. En conséquence, je les prie tous en particulier et en général de vouloir bien en prendre lecture, et de m'adresser à Armentières, département du Nord, les objections qu'elles pourront leur suggérer, s'ils me trouvent digne d'une si rare et si honorable déférence : leur promettant que j'y répondrai le plus promptement que je le pourrai; et même que je me rendrai, si cela peut leur être agréable, avant le 1.er Juillet prochain, à Paris, dans la salle, au jour et trois heures avant celle que l'un ou l'autre de leurs secrétaires aura l'ordre de me fixer, pour leur procurer, en fait d'éclaircissemens, toute la satisfaction qu'ils peuvent désirer de ma reconnaissance.

Mais, soit qu'on m'appelle ou pas, attendu que la foi sans des œuvres est une foi morte, je prie ces Seigneurs et Messieurs de vouloir bien, dans le cas où ils jugeraient que mes vues sont assez bienfaisantes pour mériter leur gracieuse protection, d'aviser aux moyens les plus convenables pour les utiliser. Que ne m'est-il permis de croire à un résultat déjà si prodigieux! au lieu de songer à en chercher un, je penserais à m'humilier devant la sagesse de leur délibération. Mais que de dangers n'entrevois-je pas pour ma cause et pour mon amour-propre, rien qu'à le supposer! Dès qu'il s'agit de la moindre réforme, que de personnes ne voit-on pas, intéressées ou non, à la combattre, moins occupées du fonds des questions que des intentions ou du style de l'auteur, afin d'avoir raison, même sur ce qu'elles n'entendent point, retrancher au lieu d'ajouter, ce qu'à dessein on leur laisse à deviner, ou épiloguer sur les mots, quand elles devraient aider au sens. Aussi, par une généreuse confiance dans leurs qualités, qu'un auteur se montre tranchant, mâle dans ses décisions, c'est un présomptueux qu'il faut mystifier, ou un mécontent qu'il n'est que juste de contenir ; ou se prononce-t-il avec une indifférence qui tient de la fatigue du travail, ou de la légèreté du sujet, pour ruiner son crédit on le tourne en ridicule, jusqu'à le faire douter des vérités mêmes qui exaltent son imagination.

Je ne saurais donc prendre trop de précaution pour persuader à chacun de ceux qui voudront me lire, combien du moins j'ai la conscience de ce que j'avance. C'est donc uniquement à cette fin que je vise, en m'écriant : Que j'aimerais voir ces savans vertueux, ces hauts personnages, sensibles à mes accens, après s'être réunis, concertés pour en prendre la défense, aller par cette pente si naturelle aux belles âmes, implorer au pied des autels les miséricordes du Tout-Puissant sur la tête des malheureux ; et de là, guidés par cette double maxime : Qui sauve un homme de la misère, court la chance de sauver un frère ou un ami d'un assassinat, en sauvant un forcené de la potence : la nation la plus humaine est nécessairement

la plus sage, la plus riche et la plus puissante,
puisqu'elle en travaille avec plus de constance; à
plus forte raison la plus généreuse, puisqu'ayant
moins de craintes à braver, elle en conserve
plus de sensibilité, de clairvoyance et de valeur
pour agir ; se diriger ensemble vers le palais
de nos Rois, pour y solliciter de notre auguste
et pieux Monarque l'insigne faveur de repré-
senter à Sa Majesté, que la nation ayant
plus besoin d'être conduite par le sentiment
de sa dignité que par l'appât des richesses,
elle devait ressentir plus d'horreur que de
satisfaction de l'usage des supplices pour la
gouverner : en conséquence, la prier et supplier
de vouloir bien prendre en considération leur
démarche et leurs offres de services les plus
étendus, pour ordonner le plus tôt possible à
MM. les ministres d'adopter le système d'administration le plus conforme à la bonté de son
cœur paternel et à l'affermissement de son trône
légitime, qui ait encore paru : système fondé
sur la raison et la pudeur, comme la première
base de toute justice ou de toute concorde,
et le premier principe de toute solidité et de
toute élévation en pensées et en actions; et ce
avec d'autant moins d'inquiétude, que les
mauvaises institutions tombant d'elles-mêmes

devant les bonnes, il n'était pas nécessaire
d'abolir les supplices pour en faire l'essai; en
sorte que, loin de détruire les échafauds et
rejeter les exécuteurs qui les servent, ils en
aparussent au milieu de la douceur et de l'éclat
de la civilisation nouvelle, comme ces fanaux
hideux par le sang qu'ils ont fait rejaillir sur
leur surface, et par les débris et les ossemens qui
gisent sur le terrain qui les entoure, cependant
délaissés par plaisir, comme pour conserver
un souvenir toujours bon à perpétuer contre
les dangers de l'ignorance et des passions, au
bord d'une mer devenue par un phénomène
gradué et des plus singuliers, surtout par sa
simplicité, d'impétueuse et d'écumante qu'elle
était autrefois, désormais non-seulement la
plus exempte d'écueils, mais encore la plus
agréable à contempler.

. Par la même raison : considérant que je n'ai
aucun titre personnel quelconque à l'attention
de ces Messieurs, et que lors même qu'ils
seraient disposés à s'occuper de mes ouvrages,
il est possible qu'ils s'en trouvent empêchés
par des obstacles les plus dignes de respect, je
déclare (comptant sur l'obligeance de MM. les
membres de l'Athénée) que je solliciterai un
congé pour me rendre à Paris dans le courant.

4.

du mois d'Août, au moment que je prierai
MM. les journalistes d'annoncer, dans l'objet de
répondre aux objections que qui que ce soit
pourrait avoir à me faire.

Enfin, il est de fait que je me trouve, vis-à-vis
du ministère, dans une double position, à titre
d'auteur et d'employé aux douanes. Je présente
donc encore, dans le danger d'être privé de
mon emploi, une espèce de garantie de ma
bonne foi dans les plaintes ou les accusations
que je porte, comme de mes efforts pour assurer
le triomphe de la vérité sur l'empire des préjugés
et la résistance de la prévention. Car, qui peut
se flatter, en poursuivant une carrière aussi
scabreuse et aussi obstruée, d'être en tout et
partout assez mesuré dans l'objet de ses inves-
tigations et le choix de ses termes, pour marcher
toujours franchement et droit à son but, sans
jamais paraître irrévérent? Au reste, l'administration daignera, j'espère, considérer qu'un homme
d'honneur ne saurait traiter avec le ménagement
de la dépendance, le sujet le plus propre qui fut
jamais à exciter l'indignation et le dévoûment,
sans en compromettre réellement le succès, ou
en paraissant douter lui - même de ce qu'il
avance, ou en faisant preuve d'un caractère sans
générosité ou sans courage ; car, après l'ignorance,

la cause des maux vient des défauts du caractère, qui, bien que très-variables de leur nature, peuvent se réduire à cinq : amour-propre mal entendu, passion des honneurs ou des richesses, ou des plaisirs, et mollesse de volonté qui empêche d'agir bien, par crainte de faire mal sans savoir pourquoi, ou par crainte d'une épigramme ou d'une raillerie de quelque mauvais plaisant ; en outre qu'étant, d'un côté, incliné à lui rendre tous les hommages qu'elle mérite ; de l'autre, nourri d'un emploi dans lequel j'ai près de vingt-neuf ans de service, je suis doublement intéressé à sortir de cette lutte comme un chevalier sans peur et sans reproche ; et que si je ne suis pas retenu par un tel frein, ce n'est pas que je lui conteste le droit de me destituer, si elle le juge à propos, mais parce qu'il est fort difficile de servir deux maîtres, quand ils sont en guerre, avec la même adresse que s'ils étaient amis.

Un homme d'État véritablement grand se garde bien de mettre en balance sa gloire avec la satisfaction de son prince ou le bien de l'État. Pour ne point faillir au gouvernail qu'on lui confie, quelque captivante que se présente l'occasion, semblable à un pilote adroit et vigilant, il se tient sur ses gardes pour ne voir, dès qu'ils paraissent, dans tous les partis, que des couleurs tranchées par hasard et pour un moment, et qu'il faut se hâter de fondre en une seule ouvertement et sans acception, pour en ceindre le trône et lui rendre son éclat. Aussi, toujours prêt à tendre la main à une critique franche, de quelque part qu'elle vienne, il en considère l'auteur, quand elle est vraie, comme un brave toujours disposé à s'exposer au danger pour l'en tirer; et quand elle est fausse, comme une brebis égarée qu'il vaut mieux ramener par la persuasion que par la menace ou la punition, à moins qu'elle ne l'attaque dans la probité comme dans sa base, et qu'elle ne parte du crayon d'un homme en crédit. Quant à la flatterie, loin de se laisser prendre par ses enchantemens, il s'en défie comme d'une perfide courtisane qui ne se pare avec de grands soins, que pour le dépouiller plus commodément de ses trésors, après lui avoir fait avaler à longs traits ses plus mortels élixirs.

Dans l'état où sont les choses, un ministère est bien le sommet le plus aigu ou le seuil le plus glissant, par conséquent le poste le plus rare où il soit possible à l'homme le plus exercé aux affaires de se conserver long-temps dans l'attitude d'une colonne debout. D'un côté, balloté

entre des sacrifices déchirans et des adulations
enivrantes, comme entre deux extrêmes qui se
disputent sa conscience, tout est danger pour
lui à céder; de l'autre, attaqué par les partis les
plus contraires et les plus exaspérés, s'il résiste
avec trop de roideur, on le renverse; s'il se
plie avec trop de complaisance, on l'entraîne;
et dans l'une et l'autre alternative, toujours
fort éloigné de l'équilibre, il est difficile que le
point d'appui, en lui échappant, ne détermine
sa chute. Et qui ne sait pas s'en écarter en rom-
pant à propos, soit quand on l'arrête au Conseil,
soit lorsqu'on le contrecarre dans les Chambres,
ne saurait le reprendre en s'en rapprochant.

Lorsque j'aurai publié tout ce que je dé-
couvre, exécuté tout ce que je médite, nous
verrons si mes *Cris* ont mérité un dédain qui
les assimilerait aux visions de tant de vains
réformateurs; nous verrons si la vérité s'invente
selon quelques professeurs, ou si la raison est
un songe d'après certains docteurs; nous verrons si la méchanceté est l'ouvrage de la nature
ou d'un esprit de ténèbres; nous verrons si
M.gr l'évêque d'Hermopolis n'a fait que déclamer
dans un désert sans écho, lorsque, du haut de
la chaire, le regard penché sur la tombe d'un
prince dont le nom rappelle toutes les gloires

se transmettant de père en fils comme un apanage céleste, il a ému l'église de Saint-Denis de cette pensée noble et profonde : *Les hommes sont des petits dieux;* nous verrons si ceux qui s'opposeront à l'établissement d'un gouvernement doux et prévoyant, ferme et religieux, en un mot, juste, sont de vrai tellement dévoués, soit à la satisfaction du Monarque, soit au bonheur de leur patrie, soit à la gloire de l'Éternel, que, pour y contribuer autant qu'ils le doivent, mus, je ne dis point par l'abnégation, mais par la droiture, ils parlent toujours avec sincérité et n'agissent jamais qu'avec la balance à la main; nous verrons si la France, cette terre de jubilation, loin d'être à la fin un séjour de paix et de consolation, en devra être continuellement un de calamités et de désolation. Non, non, tant ma confiance est vive et sûre dans le sceptre qui la gouverne, et tant ce sceptre est droit et puissant, j'espère qu'avant cinq ans la France commencera à goûter un repos qui ne sera plus empoisonné par des signes de maux alarmans.

Jusqu'à présent, je le répète, ma censure n'est dirigée contre aucun agent du gouvernement en particulier, et c'est contre mon intention si je m'y montre différemment que semblable à une abeille qui, revenant après mille et mille traverses, chargée du suc des fleurs, se sent forcée, près de la ruche, de découvrir un aiguillon pour faire respecter un miel destiné pour des malades.

Aussi je jure bien sincèrement que je n'embrasserai jamais auçun parti, de quelque bonté qu'il se colore, qui ne porterait pas en gros caractères cette devise sur sa bannière : *Dieu, le Roi, et la patrie!* parce que, hors de ces principes sacrés, il n'y a à mes yeux que malheur à attendre de l'entreprise la mieux concertée; et autant vaudrait-il dire que je ne saurais être d'aucun parti, tous les Français me paraissant unanimes dans leur opinion pour révérer et chérir ces principes d'esprit et de cœur.

C'est en compatriote que je m'adresse à tous les Français, comme à un peuple de philosophes-chrétiens. Est-il nécessaire de leur demander s'il est fort charitable, fort décent, fort possible de vivre content, quand on sent à ses côtés, ou sur le sol de sa patrie, un si grand nombre de malheureux, hélas! pourquoi? lorsqu'on sait que des enfans peuvent ne trouver pour se couvrir, en naissant, que la paille hachée du grabat où leur mère vient de leur donner le jour; lorsque des personnes, par milliers peut-être, pleines d'honneur, se cachent au fond de leur demeure, pour chercher dans des sanglots ignorés quelque adoucissement au chagrin qui les oppresse et les dévore; peut-on en conscience s'honorer de la moindre insouciance à leur égard? serait-elle réellement digne d'un sujet d'Henri IV?

Ah! si pour un moment les uns, pénétrant un peu plus avant dans l'avenir, en devenaient plus jaloux de la prospérité de leur pays qu'empressés à satisfaire une ambition démesurée, ou, plus circonspects dans leur sentence, ne se prononçaient plus sans intime conviction; les autres, reportant leurs regards en arrière, moins engoués d'un superflu de grandeur sans charme ou d'un excès de fortune sans appas du moins pour une âme bien née, que touchés du souvenir si récent d'une si longue et si sanglante tragédie, quelles améliorations on verrait bientôt s'effectuer en France rien que par des arrangemens, et par des arrangemens pourtant si simples, qu'à en juger par leur nature ils semblent à peine valoir les efforts que tant d'économistes ont fait en vain pour les trouver!

Afin de porter les hommes d'état à les accueillir, que ne puis-je dire auquel que ce soit des personnages que je nomme ou sous-entend dans le cours de cet ouvrage : Voilà ma fortune,

mes titres, avec le même naturel que je dirais :
Voilà ma vie ; où est l'ennemi ? Avec quel
accent n'ajouterais-je pas, ce me semble :
Taillez, distribuez, balancez, consolez ; je veux
à tout prix que le bien se réalise, sur-le-champ,
sans restriction, continuellement, absolument.
Cependant si on s'imaginait que je m'en croirais,
pour cela, avoir plus de vertu qu'un autre, on
se tromperait fort. Mais je me flatte de voir
plus juste, plus avant, et de me rendre un
compte plus exact et plus sûr de ce que les
choses valent. Aussi, je ne sais si je n'aimerais
pas cent fois mieux le sort d'un honnête pauvre
dans le séjour le plus aride, mais où l'on jouirait
de la concorde, que celui d'un satrape dans l'île
la plus enchantée, mais où les gibets et les exécuteurs seraient en usage. Je sais ce qu'il m'en
coûte rien que de les rencontrer !

La France est encore dans le siècle de fer ;
elle en sortira, lorsqu'appuyée sur une économie
prévoyante et des réglemens préventifs, elle
trouvera, comme Rome dans ses beaux jours,
que c'est assez, pour punir le plus grand des
crimes, que d'être exilé d'une si douce patrie.
Elle entrera dans le siècle d'argent, lorsqu'à
l'aide de la perfection des arts et des sciences,
spécialement de l'agriculture et de la médecine,

elle se procurera une aisance et une salubiité
qui, en empêchant les sexes d'y naître avec des
défectuosités quelconques, la mettra à l'abri de
toute privation dure, de toute agitation, ou de
toute inquiétude. Elle jouira du siècle d'or,
lorsque, recueillant pour sa richesse, sa moralité et son agrément, tous les fruits que com-
portent une température adoucie par les
combinaisons du sol, le plan d'une architecture
générale fécondée par l'unité et décorée avec
méthode, et la culture des beaux-arts la mieux
réglée et la plus étendue, elle exercera une
salutaire magistrature sur tous les peuples du
monde par la splendeur de son trône et l'in-
comparable illustration de sa dynastie, la majesté de son culte sublime et l'unique renommée
de sa puissance.

Le prélat de Meaux avait ses regards tournés
sur ces vues, lorsque, versant des pleurs sur la
mort de la plus grande princesse de l'Allemagne,
il s'écriait : « N'en doutons pas, chrétiens, Dieu a
» préparé dans son conseil éternel les premières
» familles qui sont la source des nations, et
» dans toutes les nations, les qualités domi-
» nantes qui en devaient faire la fortune. »

Serait-il possible qu'au milieu de tous les
doutes qui affligent la nation, comme de si

puissans motifs de réfléchir et de se modérer,
je n'en aurais point assez dit pour que, malgré
les lumières et les vertus qu'elle fait éclater dans
le monde, pas un guerrier, pas un homme d'état,
pas un littérateur, ne daignât prendre, au moins
pour quelque essai, la défense d'une cause qui
ne respire qu'espérance et générosité! Serait-il
vrai que la France, après avoir pleuré si long-
temps une dynastie qui chaque jour lui fait
sentir si vivement, et de plus en plus, la
différence d'un père et d'un maître, des vraies
merveilles et des fausses, n'aimerait point
encore aujourd'hui à s'assurer si Dieu n'aurait
pas été assez puissant pour créer l'homme plus
ami de l'innocence encore que des plaisirs, et
moins ambitieux des couronnes de la gloire
que sensible aux douceurs de la paix, jusqu'à
invoquer pour elles les bénédictions du ciel!



FIN.

www.ingramcontent.com/pod-product-compliance
Lightning Source LLC
LaVergne TN
LVHW012053030726
842523LV00002B/500